25 May 1771.

INSTRUCTION

Que le Roi a fait expédier aux Inspecteurs généraux de son Infanterie.

Du 25 Mai 1771.

DE PAR LE ROI.

 A MAJESTÉ voulant qu'il soit procédé à la revue de ses Troupes, son intention est que les Inspecteurs qui en seront chargés cette année, se conforment avec la plus grande exactitude à l'instruction qu'Elle a fait expédier à cet effet.

ARTICLE PREMIER.

LES Inspecteurs feront les revues des Troupes, soit en Juin, Juillet ou Août: ils les arrêteront & les fermeront les jours qu'ils les auront faites, & en enverront, tout aussi-tôt & sans différer, leur extrait au Secrétaire d'État ayant le département de la guerre.

2.

SA MAJESTÉ étant dans l'intention de charger plus particulièrement les régimens d'Infanterie, de l'administration des Masses qui sont établies pour les recrues & l'entretien de ces Corps, Elle desire d'être informée par les Inspecteurs, s'il est plus avantageux au bien de son service, de confier cette administration aux Etats-majors ou à chaque Capitaine en particulier; ils rendront compte du desir des Troupes en général sur cet objet, & de ce qui leur paroîtra tendre plus particulièrement au bien du service & aux intérêts de Sa Majesté, sur l'un ou l'autre parti.

On joint à la présente Instruction, l'Ordonnance que Sa Majesté vient de rendre pour régler la formation de l'Infanterie en bataille, cette Ordonnance sera adressée aux régimens d'Infanterie, pour la mettre à exécution & faire quelques changemens qu'elle exige dans la composition; les Inspecteurs veilleront à ce qu'elle soit exactement suivie.

3.

LES efforts que les régimens ont faits pour se compléter, ont été suivis du succès qu'on en pouvoit attendre, puisqu'actuellement les corps de l'Infanterie sont presque tous complets; cette circonstance n'a pas peu contribué à déterminer la résolution que Sa Majesté a prise de supprimer les quatre dépôts de Recrues qui avoient été établis en 1768, dans les villes de Saint-Denys, Lyon, Toulouse & Tours, & dont la réforme vient d'être exécutée; c'est par une suite de ce même succès dans les recrues, que les Etats-majors des régimens d'Infanterie, n'ont point été autorisés cette année à détacher, comme les précédentes, un Officier & quelques bas Officiers par bataillon, pour être employés à ce travail pendant l'été; mais Sa Majesté a jugé qu'il convenoit d'excepter de cette disposition les régimens qui sont en Corse, & il leur a été permis de se servir de ce moyen pour se recruter avec plus de facilité.

4.

LES Inspecteurs examineront avec toute l'attention dont ils sont capables, les hommes qui ont été faits depuis la revue dernière, soit par l'État-major, soit par les Officiers

25. May 1771.

3

de semestre ; ils feront fortir du rang ceux qui ne feront pas propres à fervir, & ils les feront congédier fur le champ ; ceux qui auront été faits par l'État-major, & qui feront réformés, ne feront point remboursés : quant à ceux qui auront été amenés aux Corps par les Officiers de femestre, il fera ordonné une retenue de cent livres qui fera fupportée par les Officiers qui les auront faits ; ils ne recevront au furplus aucun rembourfement pour la dépense que lefdits Officiers de femestre auront faite relativement à l'homme congédié. Sa Majefté recommande aux Infpecteurs de s'attacher à purger les Corps, de gens flétris, médiocres & mauvais fujets, ayant attention cependant d'en tirer autant qu'il fe pourra ce qu'ils ont coûté : on obferve au furplus qu'ils doivent avoir moins d'égards à la taille qu'aux fervices réels, aux fentimens & aux mœurs, qualités qui conftituent le bon Soldat.

5.

LES Infpecteurs ayant fait la revue de la totalité de ces hommes de recrue, ils leur feront prêter ferment, conformément à ce qui eft preferit par les Ordonnances de Sa Majefté ; & ils rendront compte de ceux des régimens qui n'auront pas rempli le nombre d'hommes qu'ils ont été chargés de faire pour fe compléter.

6.

L'EXAMEN des hommes de recrue étant fait, les Infpecteurs pafferont à celui des anciens Soldats que leurs infirmités mettront hors d'état de pouvoir continuer leurs fervices ; ils feront délivrer des congés abfolus à ceux qui fe trouveront dans ce cas-là, & le renvoi de ces hommes aura lieu le jour même de l'opération de leur revue, fans attendre, ainfi qu'il a été preferit par l'article 34 de l'Ordonnance du 1.er janvier 1768, l'époque du mois de Septembre.

7.

L'HÔTEL des Invalides fe trouve actuellement très-furchargé, & les Infpecteurs ne fauroient être trop réfervés

dans les propofitions qu'ils auront à faire à cet égard,
L'intention de Sa Majefté eft toujours que ceux qui feront
eftropiés à fon fervice, continuent d'être reçus audit Hôtel:
Elle veut auffi que ceux qui auront fervi vingt-quatre ans
dans le même régiment, y foient admis; mais Elle entend
en même temps, que ceux qui auront paffé d'un régiment
dans un autre, devront avoir trente ans de fervice pour
y être reçus, s'il n'y a point une interruption de fix mois
entre leurs différens engagemens : cette explication de la
volonté de Sa Majefté, doit fervir de règle aux propofitions qui feront faites pour ces fortes de grâces; lefquelles
propofitions n'auront lieu que lors du travail des Infpecteurs avec le Secrétaire d'Etat ayant le département
de la guerre. Il fera joint aux états de propofitions, deux
certificats, l'un figné par le Commandant & le Major du
Corps, contenant les fervices des propofés, & l'autre par
le Chirurgien; ces deux certificats feront au furplus accom-
pagnés du congé abfolu de l'homme propofé, & l'on
prévient les Infpecteurs que ces trois pièces font abfolument indifpenfables.

8.

Il fera fait mention de ceux des hommes qui préféreront de fe rendre chez eux pour y jouir de la folde
réglée par l'Ordonnance du 26 février 1764, concernant
les Invalides, fur le pied de quatre fous pour les Fourriers
Sergens, & de trois fous pour les autres bas Officiers
& Soldats; Sa Majefté les difpenfera de fe rendre à l'Hôtel
pour s'y faire recevoir, en vertu du certificat qui leur fera
expédié en conféquence par le Gouverneur dudit Hôtel;
il fera fait mention de même de ceux qui defireront fervir
dans les compagnies détachées. C'eft au furplus pour mettre
les Infpecteurs en état de travailler uniformément fur cet
objet, que l'on joint à la préfente inftruction un modèle de
l'état qu'ils auront à fuivre. Ils marqueront l'endroit d'où
devront partir les routes qu'il fera néceffaire d'expédier pour
ceux qui feroient abfens du régiment; ils feront connoître

5

auffi fi parmi ceux qui feront admis à l'Hôtel, il s'en trouve qui aient befoin de voiture pour s'y rendre.

9.

LES Ordonnances rendues à la paix, ont réglé que le fervice des Soldats feroit de huit années; l'année actuelle eft l'époque du terme de l'engagement de ceux qui s'étant engagés en 1763, n'ont point contracté un nouvel engagement; & comme Sa Majefté veut & entend que ce qu'Elle a prefcrit fur l'expédition des congés abfolus par lefdites Ordonnances, & notamment par les articles 14 & 33 de l'Ordonnance du 1.er janvier 1768, foit exécuté avec la plus grande exactitude, & qu'en conféquence lefdits congés foient expédiés le jour précis de leur échéance, les Infpecteurs fe feront préfenter les hommes qui fe trouveront dans ce cas-là, en arrêteront l'état & les époques de leur renvoi, & commenceront par faire congédier ceux qui feront arrivés au terme de leur engagement: Mais les avantages que Sa Majefté vient de procurer par fon Ordonnance du 16 du mois d'avril dernier, en accordant des hautes-payes progreffives aux Soldats qui fe rengageront, font efpérer que plufieurs de ceux qui feroient dans le cas de jouir de leur congé, préféreront de continuer leur fervice, au défœuvrement & peut-être à l'ennui qu'ils éprouveroient lorfqu'ils auroient paffé quelque temps dans leurs familles. Sa Majefté a déjà fait connoître aux Infpecteurs les motifs qui ont dirigé fes vues à cet égard; le bien-être de fes Troupes les a principalement dictées, & on ne doute pas qu'elles ne cherchent à lui en marquer leur reconnoiffance par leur fidélité à fon fervice & leur exactitude à remplir, comme elles le doivent, les devoirs qui leur font prefcrits. On n'entre point dans un plus long détail fur cet objet; mais il doit être recommandé aux Commandans des Corps, de fe conformer très-exactement aux difpofitions qui font réglées par ladite Ordonnance du 16 avril dernier. Les Infpecteurs joindront à leur extrait de revue, un état des hommes qui feront congédiés cette année par congé d'ancienneté; ils arrêteront aussi l'état, dont ils enverront un duplicata au Secrétaire d'État de la guerre, des bas Officiers, & Soldats qui seront dans le cas, par l'expiration de leur engagement ou rengagement, d'être congédiés l'année prochaine.

1 0.

LES Inspecteurs sont instruits qu'il se trouve dans les provinces, des hommes qui, quoiqu'absens sans congé, continuent d'être employés sur les contrôles des Majors, c'est un abus qu'il convient d'arrêter; & l'intention de Sa Majesté est que tous ceux qui se trouvoient absens au 1.er Octobre dernier, & qui n'auront pas rejoint leur Corps, soient rayés desdits contrôles: Sa Majesté voulant qu'un homme qui sera absent à une revue d'inspection, ne puisse jamais être rappelé dans la revue suivante, si ce n'est pour cause d'une maladie bien constatée.

1 1.

SA MAJESTÉ avoit accordé depuis la paix, une solde entière par bataillon; mais ayant fait connoître par son Ordonnance du 16 avril dernier, l'intention où Elle est d'accorder cette grâce à tout homme qui aura servi vingt-quatre ans dans le même régiment, si mieux il n'aime être reçu à l'Hôtel des Invalides, ou contracter un nouvel engagement pour jouir des avantages de la vétérance; Elle entend que ceux qui étant dans ce cas-là, desireront se retirer chez eux, le congé absolu leur soit expédié, ils y jouiront de la solde entière de leur grade, s'ils ont servi dans ce grade pendant huit ans; au défaut de quoi ils n'auront que la solde du grade inférieur; il leur sera aussi délivré un habit uniforme tous les six ans.

Entend au surplus Sa Majesté que ceux qui auront servi dans différens régimens, ne puissent, ainsi qu'Elle s'en explique par ladite Ordonnance, jouir de ces avantages qu'après avoir servi au-delà du terme prescrit pour les mériter, conformément aux dispositions contenues dans l'article 43 de l'Ordonnance du 1.er janvier 1768.

7

Veut Sa Majesté que dans l'état de signalement qui sera adressé de ces hommes, il soit fait mention du jour qu'ils auront été nommés à leur grade actuel, ce qui doit constater la solde dont ils devront jouir chez eux; il sera joint à leur congé absolu un certificat de service, lequel indiquera l'endroit où ils se retireront, & dont il sera fait note au signalement dont il a été parlé ci-dessus: les Inspecteurs leur remettront une lettre pour l'Intendant de la province dans laquelle ils se retireront, à l'effet de lui recommander de les faire jouir de leur solde & des mêmes avantages accordés aux Invalides qui sont retirés dans les provinces.

12.

Les Inspecteurs termineront l'examen des hommes par se faire présenter ceux qui ont fait la guerre, & ils feront mention dans l'arrêté de leur revue, du nombre qui se trouvera dans chaque Corps; ils informeront en même temps, en général, de l'espèce & de la qualité desdits hommes. Il importe aussi qu'il soit rendu compte de ceux qui se seront rengagés depuis le mois de Septembre dernier, & il en sera joint un état à l'extrait de la revue.

13.

Ces opérations étant réglées, ils examineront les contrôles du Major, à l'effet de vérifier si les Officiers, bas Officiers, Grenadiers & Fusiliers qui composeront chaque compagnie, y sont inscrits par ordre & suivant leur ancienneté.

14.

Veut Sa Majesté, que la distribution des deux sous par lieue, qui doivent être payés aux hommes qui seront congédiés, soit par réforme, soit par ancienneté de service, soit faite à l'ordinaire; ce qui cependant n'aura lieu que dans le cas où le décompte du linge & chaussure que chaque homme doit avoir en Masse, suivant l'Ordonnance du 20 mars 1764, ne suffiroit pas pour le conduire à sa destination.

15.

IL ne sera accordé aucun supplément à ceux qui étant nécessaires à leur famille, obtiendront leur congé absolu. Le nombre de ces congés sera porté chaque année à un homme par compagnie, dans chaque espèce de troupe, conformément à ce qui est prescrit par l'article 22 de l'Ordonnance du 16 avril dernier. Les Inspecteurs, de concert avec les Commandans des Corps, jugeront des raisons de chacun, & décideront de ceux qui devront obtenir cette grâce, en payant le prix réglé par l'article 31 de l'Ordonnance du 1.ᵉʳ janvier 1768. Il en sera envoyé un état au Secrétaire d'État ayant le département de la guerre; ils lui adresseront de même un état de tous ceux qui seront congédiés.

16.

L'EXAMEN des hommes étant fait, les Inspecteurs verront si ceux de recrue ont été distribués dans les compagnies en proportion de ce qui y manquoit, de manière qu'elles soient égales en nombre pour faire le service: ils observeront que les escouades doivent toujours être égalisées dans chaque compagnie, ainsi que Sa Majesté l'explique par l'article 14 de l'Ordonnance de ce jour, dont on joint un exemplaire à la présente Instruction.

17.

LES Inspecteurs ayant procédé à ces différentes opérations, de la manière ci-dessus prescrite; ils seront en état de constater leur revue, & d'en former le livret, dont le modèle sera joint à la présente Instruction: ils n'y feront mention que des hommes qui composeront les compagnies de chaque régiment après le renvoi des congédiés & des réformés; & comme les hommes qui seront dans le cas d'obtenir les Invalides, ne seront pas alors connus, leur sort ne devant être décidé que lors du travail des Inspecteurs avec le Secrétaire d'État de la guerre, ils seront compris dans la revue, ils suivront donc leur Corps dans

25. May 1771.

9

le cas de mouvement. Il en sera de même de ceux qui étant nécessaires à leur famille, seront admis à se remplacer, lesquels resteront au régiment jusqu'à ce qu'ils aient déposé à la caisse des recrues le prix de leur dégagement.

18.

LE livret de revue étant arrêté, c'est alors que les Inspecteurs se feront rendre un compte très-particulier des hommes qui auront manqué depuis la dernière revue, par mort, par désertion, ou par des congés accordés à ceux qui auront eu la permission de se remplacer. Il en sera dressé un état général qui sera joint à l'extrait de revue; cet état comprendra aussi ceux des hommes qui auront été réformés cette année ou auront obtenu des congés d'ancienneté: on observe qu'il doit être mis au bas de cet état, une récapitulation qui présente en total ces différentes mutations.

19.

LES Inspecteurs visiteront ensuite, avec la plus grande attention, toutes les parties de l'habillement & de l'équipement; pour cet effet ils se feront représenter les états & devis de la réparation précédente.

20.

ILS examineront la forme, l'espèce & la qualité des casques qui auront été délivrés dans les réparations précédentes, aux régimens de leur inspection; ils se feront rendre compte de la commodité, de l'utilité ou des désavantages qui auront été reconnus, par l'usage que le Soldat en aura fait, & ils enverront le plus tôt qu'ils le pourront, la feuille particulière de leur avis, pour supprimer, conserver ou faire quelques changemens à ladite coiffure du casque, afin d'assurer l'approvisionnement de ce qui paroîtra plus convenable pour les réparations prochaines.

21.

LES Inspecteurs préviendront les Officiers de l'État-major, de former l'état particulier des fournitures relatives à l'habillement dont ils jugeront avoir besoin pour l'entretien & les réparations journalières; ils vérifieront si les parties demandées sont absolument indispensables, & si la petite Masse affectée à la dépense desdites réparations est en état de la supporter, afin de préférer ou retarder l'exécution des réparations plus ou moins urgentes, de proportionner à cet égard la dépense aux moyens qui y sont affectés, & d'empêcher que la petite Masse ne se trouve obérée; ils certifieront & approuveront ledit état qu'ils joindront à leurs extraits de revue, pour être l'expédition desdites fournitures ordonnée des magasins d'approvisionnement, au cas que les régimens ne soient pas à portée de se les procurer sur les lieux de leur emplacement, au même prix & de la même qualité qu'elles sont faites par la régie de l'habillement. Les Majors seront prévenus qu'il ne sera fait droit sur aucune demande qu'ils seroient des fournitures nécessaires à leurs réparations journalières, qu'autant que leur mémoire sera visé & arrêté par les Inspecteurs.

22.

PLUSIEURS régimens ayant interprété d'une manière différente la disposition de l'article 4 de l'Ordonnance portant règlement sur les voitures, du 1.er juillet 1768; & Sa Majesté voulant expliquer ses intentions à cet égard, Elle entend que les régimens soient tenus de faire mettre en œuvre les fournitures qui leur auront été adressées dans les trois mois qui suivront leur réception, ou qu'elles soient voiturées à la suite des Corps qui auroient négligé de les faire employer: Ordonne Sa Majesté que si le nombre de voitures prescrit n'est pas suffisant pour transporter lesdites marchandises réservées, concurremment avec les autres bagages ou effets appartenans à Sa Majesté, les Officiers soient tenus de payer le prix d'une voiture qui leur sera seulement accordée pour le transport des marchandises qu'ils auroient négligé de faire employer.

23.

LES Inspecteurs examineront ensuite l'armement des

11

Officiers, bas Officiers, Grenadiers & Fufiliers; ils verront s'il eft tenu dans la propreté convenable dans toutes fes parties; ils fe feront repréfenter toutes les armes qu'on leur accufera être défectueufes, ils en ordonneront la réparation ou la fuppreffion s'il y a lieu; & ils dref-feront, pour rendre un compte exact de la fituation de l'armement, un état conforme au modèle joint à la pré-fente inftruction.

24.

IL a été donné des ordres pour faire diftribuer cinq cents livres de poudre, & deux cents cinquante livres de plomb à chaque bataillon pour fes exercices, les Infpecteurs donneront les ordres les plus précis pour l'emploi utile de ces munitions, afin qu'elles ne foient confommées à d'autres ufages que ceux auxquels elles font deftinées.

25.

ILS fe feront auffi repréfenter les états de recette & de dépenfe depuis le mois de Mai de l'année dernière; ils s'en feront rendre compte, ainfi que de l'emploi des différentes Maffes deftinées à l'entretien des Troupes, & ils informeront fommairement & feulement par récapitulation fur chaque objet de comptabilité, le Secrétaire d'État ayant le département de la guerre, de la fituation où les diffé-rentes Maffes fe trouveront au 1.er Mai de la préfente année, époque à laquelle Sa Majefté entend qu'elles continuent d'être arrêtées: Ils obferveront de tenir la main à ce que les Majors des régimens dreffent le relevé du compte de la Maffe des recrues, jufqu'audit jour 1.er Mai, dans la forme preferite par l'inftruction du 30 avril 1768; ils adrefferont ce relevé avec leur extrait de revue. On les prévient au furplus que l'intention de Sa Majefté eft qu'il ne foit fait abfolument aucune dépenfe pendant l'été fur l'objet de la Maffe des recrues, & le moins qu'il fe pourra fur celles des menues réparations; c'eft ce qu'ils auront attention de recommander aux Commandans & Majors des Corps.

B 6

26.

ILS dresseront, de concert avec les Commandans des Corps, l'état des Soldats qui pourront s'absenter pendant l'hiver prochain : Sa Majesté a réglé que leur sémestre commencera au 1.er Octobre prochain, & finira au 1.er Avril suivant. Elle a réglé en même temps que le nombre de ces Soldats sera de dix hommes par compagnie, indépendamment d'un Sergent & de deux Caporaux : Veut aussi Sa Majesté que ces congés ne soient accordés qu'à des hommes bien connus & ayant du bien chez eux ; les Inspecteurs observeront aussi que ceux des bas Officiers & Soldats qui ne seront pas assez instruits dans les différens exercices pour être de la première classe, ne participeront point à ces congés.

27.

ILS renouvelleront aux Majors l'obligation où ils sont de prévenir ceux auxquels il sera expédié des congés limités, de la nécessité où ils seront, conformément à l'article 13 de l'instruction du 16 août 1766, de faire viser leur cartouche par les Officiers ou Cavaliers de Maréchaussée, sous peine contre ceux qui y manqueront, d'être punis de la prison à leur arrivée au régiment.

28.

SA MAJESTÉ est encore dans l'intention d'user de clémence en faveur des bas Officiers & Soldats qui, après avoir déserté, se sont engagés dans d'autres Corps ; & Elle veut bien se déterminer à leur accorder la rémission de la peine qu'ils ont encourue, à la charge néanmoins qu'ils rempliront, dans les différens régimens où ils servent actuellement, non-seulement le temps fixé par leur engagement, mais qu'ils y serviront encore quatre ans au-delà, au bout duquel temps il leur sera délivré des brevets de grâce, ainsi que des congés absolus : Entend Sa Majesté que sous tel prétexte que ce soit, ces congés absolus ne soient expédiés qu'à l'expiration dudit temps

13

preſcrit, à moins que des raiſons d'infirmités les empê-
chaſſent de pouvoir continuer leurs ſervices, & dont il
ſeroit rendu compte au Secrétaire d'État ayant le département de la guerre; les Inſpecteurs joindront à leur
extrait de revue, un état des hommes qui ſeront dans le
cas de jouir de la grâce que Sa Majeſté veut bien leur
accorder; il y ſera fait mention des régimens d'où ils
auront déſerté, ainſi que de la date des engagemens qu'ils
auront contractés dans ceux où ils ſervent actuellement.

Mais s'il arrive, par la ſuite & à dater de l'époque de
l'arrêté de la revue qui ſera faite cette année à chaque
Corps, qu'un Officier engage un déſerteur d'un autre
régiment; veut Sa Majeſté qu'il ſoit retenu ſur les appoin-
temens dudit Officier, qui l'aura engagé, la ſomme de trois
cents livres, qui ſera miſe à la caiſſe du Corps d'où ſera
le déſerteur, conformément à ce qui eſt preſcrit par l'article
4 de l'Ordonnance du 18 juin 1768; cet Officier perdra
auſſi ce qu'il lui aura donné pour ſon engagement: Et ſur
le compte qui ſera rendu dudit homme, qui ſera arrêté &
mis en priſon, Sa Majeſté donnera ſes ordres pour qu'il ſoit
jugé ſuivant les Ordonnances.

À l'égard des Soldats, qui, pendant le dernier ſemeſtre
ou depuis, auroient contracté des engagemens dans d'autres
Corps; l'intention de Sa Majeſté eſt qu'ils ſoient rendus à
leur régiment, & que ceux qui les auront engagés perdent
le prix de leur engagement: ces déſerteurs ſeront auſſi
tenus de ſervir pendant quatre ans, au-delà de leur engagement, & ſeront conduits à leur ancien régiment par la
Maréchauſſée.

29.

Sa Majeſté entend que les Miliciens des quatre
dernières levées, qui ſe ſont engagés dans les Troupes,
ſoient renvoyés dans leur province, pour ſervir dans leurs
bataillons; les Inſpecteurs ordonneront, auſſitôt la réception de la préſente Inſtruction, aux Commandans des

régimens, de faire partir fur le champ ceux qui auront été réclamés par les Intendans des provinces ; lefdits Commandans leur feront expédier leur congé abfolu, dans lequel fera motivé leur état de Milicien, & il leur fera donné deux fous par lieue, qui feront pris fur la Maffe des recrues, pour leur donner les moyens de retourner chez eux, au cas que leur décompte de linge & chauffure ne puiffe pas y fuffire : Et comme quelques Soldats pourroient fe dire Miliciens, dans la vue d'avoir leur congé abfolu, les Majors avant de les leur délivrer, enverront leur fignalement aux Intendans des provinces auxquelles ils auront déclaré appartenir, afin que les déclarations de ces hommes puiffent être conftatées, auquel cas lefdits congés leur feront expédiés.

Pour prévenir que quelques Miliciens, en cachant leur état, ne reftent dans les troupes où ils fe font engagés, Sa Majefté charge les Intendans, d'envoyer aux Commandans des Corps où ils auront des hommes à réclamer, le fignalement de ceux qui appartiennent aux bataillons de leur département ; & fon intention eft que fur la demande que lefdits Intendans feront de ces hommes, ils foient rendus fans aucune repréfentation : Les Infpecteurs préviendront au furplus les Commandans des Corps, que faute d'exécution de ce qui vient d'être preferit fur le renvoi de ces hommes, foit de la part defdits Commandans, en les retenant au Corps, foit de celle des Miliciens en ne fe rendant pas dans leurs communautés ; dans le premier cas, les Miliciens feront conduits chez eux par la Maréchauffée, aux frais des régimens ; dans le fecond, ils feront arrêtés & retenus en prifon jufqu'au temps de l'affemblée, & alors il fera procédé au jugement qu'ils auront encouru.

3 0.

LES différentes opérations détaillées dans la préfente Inftruction, conduiront les Infpecteurs à la connoiffance de la tenue & de la difcipline qui s'obfervent dans les

15

Corps; ils porteront une attention toute particulière sur ces deux objets, & ils en rendront compte.

31.

ILS termineront leur inspection par l'exercice & les manœuvres qu'ils feront exécuter aux régimens, & dont ils rendront également compte : Ils sont prévenus que tous les Officiers, depuis le Colonel jusqu'au Porte-drapeau, sont tenus de savoir exécuter généralement tout ce qui a rapport aux différens maniemens des armes, afin de pouvoir les enseigner à leur troupe : Il importe donc au bien du service qu'ils fassent des examens très-exacts du travail de chaque Officier en particulier; ils vérifieront au surplus si l'Ordonnance de l'Exercice s'exécute avec toute l'uniformité qui a été prescrite : on ne peut assez leur recommander cette uniformité si indispensablement nécessaire, & dont on s'est si fort écarté. On les prévient qu'il ne doit être accordé ni semestre, ni proposé de congé pour ceux des Officiers qui auroient négligé leur instruction; les Inspecteurs recommanderont aux Commandans des Corps, de se conformer à ce qui est prescrit à cet égard.

32.

ILS procèderont ensuite à l'examen des mœurs, de la conduite & des talens des Officiers; on joint à cet effet à la présente instruction, des feuilles d'observation, sur lesquelles il sera fait mention de chaque Officier, lesquelles feuilles seront jointes à l'extrait de revue : Sa Majesté les dispense d'envoyer des renseignemens sur les bas Officiers en particulier; mais ils en marqueront leur avis en général.

33.

SA MAJESTÉ a lieu d'être satisfaite des comptes avantageux qui ont été rendus de l'application de la plupart des Capitaines & de leur attention à remplir leurs devoirs; mais Elle est instruite qu'il s'en faut bien que la même activité se trouve dans les Lieutenans & Sous-lieutenans; la plus grande partie marquant plus de négligence que de zèle à l'exécution de ce qui leur est prescrit : c'est dans l'objet d'arrêter un abus aussi préjudiciable au service, que Sa Majesté entend que les Inspecteurs, de concert avec les Commandans des Corps, entrent dans le plus grand détail sur la manière de servir de ces Officiers subalternes, & qu'il soit rendu compte de ceux qui par leur inconduite ou défaut d'application, seroient dans le cas d'être réformés; Sa Majesté étant dans l'intention de ne conserver à son service que des Officiers qui servent avec zèle & application.

34.

SA MAJESTÉ est aussi instruite que l'article 117 du titre XXI de l'Ordonnance du service des places, qui prescrit que les bas Officiers qui seront cassés, seront remis à la queue de la compagnie, n'étoit point exécuté suivant ses intentions, puisqu'il est arrivé dans certains Corps que des Caporaux qui venoient d'être cassés, ont passé tout de suite à des places d'Appointés, se trouvant les plus anciens Soldats de leur compagnie, & ont fait le service de Caporal en remplacement de celui de leur escouade: C'est pour obvier à une disposition aussi contraire à l'esprit de l'Ordonnance, que Sa Majesté a réglé par l'article 24 de l'Ordonnance de ce jour, qu'un Fourrier, Sergent, Caporal ou Appointé qui aura été cassé & mis à la queue de sa compagnie, ne pourra redevenir Appointé ou Caporal que lorsque son ancienneté le ramènera, par ce nouveau tour, à la place d'Appointé ou de Caporal; & qu'un Fourrier ou Sergent cassé ne pourra jamais redevenir Sergent ni Fourrier, lorsqu'il aura été cassé pour une action qui attaquera l'honneur ou la probité.

35.

SA MAJESTÉ permet aux Inspecteurs, de recevoir les Mémoires des grâces; mais on les prévient qu'Elle a fixé à vingt-cinq ans l'ancienneté de service en qualité d'Officier, qui doit rendre susceptible de la Croix de Saint-Louis.

Les Officiers parvenus par l'état de Sergent ou de

17

Maréchal-des-logis, pourront prétendre à cette grâce ; savoir, ceux qui auront joint vingt ans & plus dans les grades inférieurs de Soldat, Sergent, Cavalier, Huſſard, Dragon & Maréchal-des-logis, à quinze ans d'ancienneté dans le grade d'Officier ; & ceux qui ayant ſervi dans les grades inférieurs au moins pendant dix ans, auront vingt ans d'ancienneté d'Officier.

Sa Majeſté veut bien admettre une diſtinction en faveur des Lieutenans-colonels qui ſont actuellement pourvus de ce grade, en fixant à vingt ans l'ancienneté de ſervice en qualité d'Officier, qui pourra leur faire mériter la Croix de Saint-Louis ; & des Majors auſſi actuellement pourvus de ce grade, en réglant à vingt-deux ans l'ancienneté qui les mettra à portée d'obtenir cette grâce.

36.

ON recommande aux Inſpecteurs, de conſtater par un Mémoire particulier, le réſumé de leur travail, dans lequel il ſera généralement fait mention de la tenue, de la diſcipline, de l'eſprit du régiment, de la qualité des hommes, de ceux qui ſeront congédiés, réformés, morts & déſertés ; de la manière dont le corps eſt exercé, ſes finances adminiſtrées, & ſon habillement tenu : ce Mémoire contiendra enfin tout le détail de l'opération qui leur eſt confiée.

37.

AU ſurplus quelques-uns des Inſpecteurs étant chargés de procéder à la revue des régimens d'Infanterie étrangere, il convient avant de finir cette Inſtruction, d'entrer dans quelques détails particuliers à ces Corps.

Les régimens Allemands, Irlandois, Corſes & Italiens ont la même compoſition que les régimens François & la même formation d'eſcouades ; & ce qui a été preſcrit pour ceux-ci regarde également les étrangers : il ſe trouve ſeulement dans ces derniers quelque différence par rapport à leurs Maſſes, & principalement à celles des recrues qui sont de vingt-cinq livres par homme ; le prix de l'engagement est aussi différent, il est de quatre-vingt-quatorze livres pour huit ans dans ces régimens étrangers ; & il a été réglé que cette somme seroit distribuée, savoir, six livres pour la première année, huit livres pour la seconde, dix livres pour la troisième, douze livres pour la quatrième, treize livres pour la cinquième, quatorze livres pour la sixième, quinze livres pour la septième, & seize livres pour la huitième.

Le prix de l'engagement de quatre ans est de trente-six livres, savoir, six livres pour la première année, huit livres pour la seconde, dix livres pour la troisième & douze livres pour la quatrième.

<h2 style="text-align:center">38.</h2>

L ES Inspecteurs chargés de la revue des régimens Suisses, examineront la composition des compagnies, les recrues qui auront été faites, & les hommes qui se seront rengagés depuis la revue de l'année dernière ; ils feront aussi l'examen des hommes qui devront être proposés pour les Invalides ou pour la pension qui doit leur en tenir lieu ; ils adresseront des états de ces différens objets au Secrétaire d'État ayant le département de la guerre.

<h2 style="text-align:center">39.</h2>

D ANS le nombre des recrues qui seront présentées, ils réformeront tout ce qui excèdera le tiers d'étrangers ; & s'il s'y trouve des sujets de Sa Majesté, ils les feront mettre en prison, ainsi que les bas Officiers ou Soldats qui les auront engagés ; ils réformeront aussi tout ce qu'ils trouveront de défectueux parmi ces recrues, sans cependant porter les choses à une trop grande rigueur à l'égard des recrues nationales, & sur-tout de celles qui seront du même canton ou pays que le Capitaine ; ils feront délivrer aux hommes qu'ils auront réformés, un congé absolu, où l'on marquera la cause de leur réforme, & ils leur feront donner un mois de solde pour retourner chez eux, moitié

25 May 1771.

19

aux frais des Capitaines qui les auront faites, & l'autre moitié aux frais des Officiers supérieurs qui les auront reçues, ainsi qu'il s'est pratiqué jusqu'à présent,

40.

DANS l'état que lesdits Inspecteurs feront dresser, de toutes les recrues des régimens, compagnie par compagnie, ils feront exactement marquer le lieu de leur naissance, l'âge, la taille, la qualité desdites recrues, & le temps pour lequel elles se sont engagées, & ils feront mention au bas de l'arrêté de chaque compagnie, des hommes qu'ils auront réformés.

41.

L'EXAMEN des recrues étant fait, les Inspecteurs passeront à celui des anciens Soldats qui, n'ayant pas les services nécessaires pour mériter les Invalides, se trouveroient par des infirmités ou autres causes, dans le cas d'être réformés, & ils leur feront délivrer des congés absolus sur le champ, quand même le temps de l'engagement ou du rengagement desdits hommes ne seroit pas encore expiré.

42.

SI dans le nombre des compagnies, il s'en trouvoit qui ne fussent pas complètes, ils en rendront compte au Secrétaire d'État ayant le département de la guerre, par un état particulier, sur lequel ils marqueront si c'est par négligence ou mauvaise volonté du Capitaine que sa compagnie n'est pas complète, ou par quelques accidens particuliers dont le Capitaine ne peut être responsable.

43.

ILS se feront représenter par le Major, le livret des engagemens & celui des rengagemens, pour s'assurer de la naissance de tous les hommes dont chaque compagnie est composée, & pour constater aussi si tous les engagemens & rengagemens sont au moins de trois ans.

44.

AVANT de constater la situation des compagnies de
Fusiliers, les Inspecteurs commenceront par faire compléter
les compagnies des Grenadiers par celles des Fusiliers,
chacune à leur tour, ainsi qu'il est prescrit par l'Ordonnance du 10 mai 1764, en prenant dans ces compagnies
de Fusiliers, les hommes les plus propres à entrer dans
celle des Grenadiers, tant par leur taille & leur figure,
que par leur bravoure & leur bonne conduite.

45.

LES Inspecteurs, ainsi qu'il est prescrit par l'article 38
de la présente Instruction, sont autorisés à entrer dans
l'examen des bas Officiers & Soldats qui seront dans le
cas d'être proposés pour les Invalides; mais on les prévient
que la proposition en appartient uniquement au Colonel
général des Suisses; cette disposition n'empêchera point
cependant qu'ils ne rendent compte au Secrétaire d'État
de la guerre, de ceux qui, par leurs services, leur auront
paru mériter d'être admis à cette grâce.

46.

ILS déclareront que si dans le nombre des étrangers
proposés pour les Invalides, il s'en trouvoit qui fussent
plus anciens que tous ceux de la nation Suisse, & qui
eussent au moins vingt-quatre ans de service, Sa Majesté
veut bien qu'il leur soit accordé la solde entière, à raison
d'une solde par bataillon, & la proposition en sera faite
par le Colonel général.

47.

LES Inspecteurs termineront l'examen des hommes
par se faire présenter ceux des bas Officiers & Soldats
qui ont fait la guerre, & dont ils adresseront un état au
Secrétaire d'État de la guerre; ils se conformeront au
surplus à ce qui a été réglé par l'article 17 de cette
Instruction, sur la manière dont le livret de revue de ces
régimens doit être arrêté.

25 May 1771.

21

48.

ILS examineront ensuite la situation de l'habillement, de l'équipement & de l'armement; & s'ils trouvent quelque chose de défectueux sur ces différentes parties, ils en ordonneront sur le champ les réparations, ils demanderont si les fournitures qui ont été faites avant la revue de l'année dernière, sont entièrement soldées, & s'informeront s'il n'y a point de plaintes à ce sujet; ils joindront des états à leur extrait de revue sur ces différentes parties.

49.

CES opérations faites, ils procéderont à la revue des compagnies, suivant le rang qu'elles tiennent dans le régiment & les escouades, subdivisions & divisions dans les compagnies; ils se feront représenter les contrôles des Majors, à l'effet de vérifier si les noms de chacun des Officiers, bas Officiers & Soldats qui composeront chaque compagnie, y sont inscrits par ordre d'ancienneté; ils feront aussi dresser un état particulier des bas Officiers & Grenadiers, sujets de Sa Majesté, qui se trouveront encore dans chaque compagnie, & qu'ils adresseront au Secrétaire d'État de la guerre; ils vérifieront au surplus depuis quel temps lesdits bas Officiers & Grenadiers ont été admis auxdites places, & ils en rendront compte.

50.

ILS entreront dans tous les détails relatifs à la tenue, à la discipline & aux manœuvres, ainsi qu'il est prescrit pour les régimens françois; ils se conformeront aussi à ce qui a été réglé pour la formation & l'envoi de l'état qui doit faire connoître les hommes qui auront manqué dans chaque compagnie, depuis la revue de l'année dernière, par mort, désertion ou réforme, & ils rappelleront dans cet état ceux auxquels il aura été accordé des congés absolus pendant l'hiver.

§. I.

O N observera au surplus aux Inspecteurs, que le Colonel général des Suisses, devant lui seul prendre connoissance de la manutention intérieure des régimens Suisses, ils seront dispensés de rendre compte au Secrétaire d'État de la guerre, de la manière dont les traités & capitulations sont observés dans ce Corps; de la naissance, des services, des mœurs & des talens de tous les Officiers; du nombre des compagnies avouées de chaque canton ou pays allié; de celles qui ne le sont pas; de la vacance des emplois; de ceux qui sont à portée de les obtenir par leurs services & suivant les capitulations; des récompenses & des grâces que peuvent mériter les Officiers, bas Officiers & Soldats; des dettes que les Capitaines peuvent avoir contracté avec les Marchands pour les différentes fournitures de la compagnie, & des dettes particulières des Officiers; enfin de tout ce qui a rapport à la police intérieure des troupes Suisses.

Cependant Sa Majesté entend que les Inspecteurs soient autorisés à retrancher toutes les dépenses qui n'auront point un rapport essentiel à la tenue, à la propreté militaire & à la discipline; enfin ils examineront si dans l'état actuel des choses, il n'y auroit rien à changer pour le plus grand bien du service, & ils en rendront compte au Secrétaire d'État ayant le département de la guerre.

On observe que l'Ordonnance de Sa Majesté, en date de ce jour, dont il a été parlé ci-dessus pour la formation de l'Infanterie en bataille, ne regarde en rien les régimens Suisses; mais comme elle est commune à l'Infanterie Françoise, Allemande, Irlandoise, Italienne & Corse, on prévient les Inspecteurs qu'on en adresse des exemplaires aux Commandans de ces Corps, & ils veilleront à ce qu'elle soit exécutée dans toutes les dispositions avec la plus grande exactitude.

25. May 1771.

23

Les Inspecteurs qui seront chargés de la revue des régimens Suisses, se conformeront au surplus à ce qui est prescrit pour toutes les autres Troupes par la présente Instruction, en ce qui ne sera pas contraire à la constitution des régimens Suisses & aux Ordonnances particulières qui les concernent.

Fait à Versailles le vingt-cinq mai mil sept cent soixante-onze. *Signé* LOUIS. *Et plus bas*, MONTEYNARD.

A PARIS,
DE L'IMPRIMERIE ROYALE.

M. DCCLXXI.